BEI GRIN MACHT SICH IHR WISSEN BEZAHLT

- Wir veröffentlichen Ihre Hausarbeit, Bachelor- und Masterarbeit
- Ihr eigenes eBook und Buch - weltweit in allen wichtigen Shops
- Verdienen Sie an jedem Verkauf

Jetzt bei www.GRIN.com hochladen und kostenlos publizieren

Bibliografische Information der Deutschen Nationalbibliothek:

Die Deutsche Bibliothek verzeichnet diese Publikation in der Deutschen Nationalbibliografie; detaillierte bibliografische Daten sind im Internet über http://dnb.d-nb.de/ abrufbar.

Dieses Werk sowie alle darin enthaltenen einzelnen Beiträge und Abbildungen sind urheberrechtlich geschützt. Jede Verwertung, die nicht ausdrücklich vom Urheberrechtsschutz zugelassen ist, bedarf der vorherigen Zustimmung des Verlages. Das gilt insbesondere für Vervielfältigungen, Bearbeitungen, Übersetzungen, Mikroverfilmungen, Auswertungen durch Datenbanken und für die Einspeicherung und Verarbeitung in elektronische Systeme. Alle Rechte, auch die des auszugsweisen Nachdrucks, der fotomechanischen Wiedergabe (einschließlich Mikrokopie) sowie der Auswertung durch Datenbanken oder ähnliche Einrichtungen, vorbehalten.

Impressum:

Copyright © 2018 GRIN Verlag
Druck und Bindung: Books on Demand GmbH, Norderstedt Germany
ISBN: 9783668981171

Dieses Buch bei GRIN:

https://www.grin.com/document/491296

Emily Hien Vu

Aus der Reihe: e-fellows.net stipendiaten-wissen
e-fellows.net (Hrsg.)
Band 3184

Steigerung der Energieeffizienz durch Anwendung des Endowment-Effekts und der Verlustaversion im IS-Design

GRIN Verlag

GRIN - Your knowledge has value

Der GRIN Verlag publiziert seit 1998 wissenschaftliche Arbeiten von Studenten, Hochschullehrern und anderen Akademikern als eBook und gedrucktes Buch. Die Verlagswebsite www.grin.com ist die ideale Plattform zur Veröffentlichung von Hausarbeiten, Abschlussarbeiten, wissenschaftlichen Aufsätzen, Dissertationen und Fachbüchern.

Besuchen Sie uns im Internet:

http://www.grin.com/

http://www.facebook.com/grincom

http://www.twitter.com/grin_com

Steigerung der Energieeffizienz durch Anwendung des Endowment-Effekts und der Verlustaversion im IS-Design

Increasing energy efficiency using the Endowment effect and loss aversion in IS-design

Seminararbeit

Lehrstuhl für Energieeffiziente Systeme

Otto-Friedrich-Universität Bamberg

am 05.03.2018

verfasst von Emily Hien Vu

Studienrichtung: IISM, B.Sc.

5. Fachsemester

Inhaltsverzeichnis

Abkürzungsverzeichnis III

Abstract 1

1. Einleitung 2

2. Theoretische Grundlagen des Endowment-Effekt 2
    2.1   Herkunft und Definition 2
    2.2   Einflüsse auf die Entstehung des Endowment-Effekts 3

3. Der hohe Preis des Besitzes: The High Price of Ownership 3
    3.1   Focusing on the Forgone: How Value Can Appear So Different to Buyers and Sellers 4
    3.2   Auction Fever: The Effect of Opponents and Quasi-Endowment on Product Valuations 5

4. Implikationen für die IS-Praxis 5
    4.1   Smart Grid und Smart Meter: Neue Technologien zur Überwachung des Stromverbrauchs 5
    4.2   Einsatz der Verlustaversion zur Steigerung der Energieeffizienz 6
    4.3   Weitere Anwendungsansätze des Endowment-Effekts im IS-Design 7

5. Zusammenfassung 7
    5.1   Diskussion, Fazit und Ausblick 7
    5.2   Restriktion der Seminararbeit 8

Literaturverzeichnis IV

Abkürzungsverzeichnis

DKK	Dänische Kronen
IS	Information Systems / Informationssysteme
kWh	Kilowattstunde
NCAA	National Collegiate Athletic Association
SM	Smart Meter
UI	User Interface
WTA	Willingness to accept
WTP	Willingness to pay

Abstract

Aus heutiger Sicht steigt die Notwendigkeit psychologische Verhaltensmodelle und die damit verknüpften Anforderungen zu verstehen, um Hürden und Motivationsfaktoren der Anwender zu identifizieren und somit ein Informationssystem so effizient wie möglich zu gestalten. Daraus resultiert die Zufriedenheit des Anwenders, die für die langfristige Nutzung eines Informationssystems und den Erhalt erfolgreicher Unternehmen relevant ist. Basierend auf einer Literaturanalyse durchleuchtet die vorliegende Seminararbeit den Endowment-Effekt sowie weitere verhaltensökonomische Phänomene und schafft eine Verknüpfung zur Wirtschaftsinformatik. Als Informationshintergrund dient Dan Arielys Publikationen, insbesondere das achte Kapitel seines Buches „Predictably Irrational". Die Übertragung der verhaltensökonomischen Befunde auf die Wirtschaftsinformatik gelingt Bager/Mundaca (2017). Ihre Ergebnisse zeigen, dass das Bereitstellen von "loss-framed" Information innerhalb eines Smart Meter Systems zu Steigerung der Energieeffizienz führen kann. Allgemeiner lässt sich sagen, dass die Art und Weise wie Information gerahmt und präsentiert wird, das Verbraucherverhalten beeinflusst. Zusammenhängend muss ausgewertet werden, zu welchem Ausmaß der Einsatz des Endowment-Effekts mit der IS-Systemzielsetzung harmonisiert, um einen vorausschauenden Nutzengewinn zu gewährleisten.

1. Einleitung

Zahlreiche Verhaltensanomalien hindern den Menschen daran als homo oeconomicus, d.h. rational, nach eigenem Interesse und nutzenmaximierend, zu handeln. Einer dieser Anomalien ist der Endowment-Effekt. Eine Definition für den Effekt lautet: ein Individuum schätzt den Wert eines Produkts höher, wenn er im Besitz des Produkts ist (vgl. Thaler 1980). Erstmals wissenschaftlich durchleuchtet und nachgewiesen wurde er in den 1980-er Jahren von den Ökonomen Thaler, Kahneman und Tversky. Seither beschäftigen sich Wissenschaftler diverser Fachbereiche mit dem Endowment-Effekt. So beleuchten Wissenschaftler wie Dan Ariely den Aspekt der „Behavioral Economics", also die Verhaltensökonomik als Disziplin der Wirtschaftswissenschaften, und treiben die Erforschung des jungen Forschungsgebiets voran. Dabei entwickeln sich neue Forschungsansätze und Abwandlungen zu dem Endowment-Effekt wie z.B. der Quasi-Endowment-Effekt. Die bisher noch ungenutzten breiten Einsatzpotentiale des Endowment-Effekts ergeben Chancen für weitere Forschungen.

Die vorliegende Seminararbeit hat das Ziel mithilfe von Literaturanalyse eine Korrelation zwischen Informationssystemen und dem Einsatz von Mechanismen aus dem Bereich der Verhaltensökonomie zu untersuchen und somit einen Neuigkeitswert für die Praxis zu erzielen. Es wird erforscht, wie sich der Endowment-Effekt auf den IS-Kontext übertragen lässt und in wie weit er die IS-Ziele unterstützen kann. Das nachfolgende Kapitel dient der theoretischen Grundlegung und dem Beschreiben von Einflussfaktoren auf den Endowment-Effekt. Im dritten Teil werden die relevanten Erkenntnisse von Dan Ariely zum Endowment-Effekt dargestellt. Anschließend wird der mögliche Wissensgewinn für das IS-Design untersucht und der letzte Teil der Arbeit fasst die Ergebnisse zusammen und gibt einen Ausblick auf weitere Forschungsansätze.

2. Theoretische Grundlagen des Endowment-Effekt

2.1 Herkunft und Definition

Der Endowment-Effekt ist ein Phänomen innerhalb der Verhaltensökonomie und der deskriptiven Entscheidungstheorie, welches besagt, dass Menschen dazu tendieren ein Gut wertvoller einzuschätzen allein aufgrund des Besitzes (vgl. Gillenkirch 2018). Dies führt zu höherer Wertschätzung eines im Besitz befindlichen Gutes relativ zur Wertschätzung eines möglichen Käufers desselben Guts. In mehreren Experimenten stellen Kahneman et al. (1990) die große Diskrepanz zwischen der WTP und der WTA, wie die Zahlungsbereitschaft und die Bereitschaft zum Verkauf im Kontext des Endowment-Effekts oft bezeichnet werden, fest. Der englische Term „Endowment" bedeutet ins Deutsche übersetzt Ausstattung, Begabung oder Stiftung. In der deutschen Literatur findet man den Endowment-Effekt selten auch unter dem Begriff Besitztumseffekt. Die erstmalige Veröffentlichung der Thematik des Endowment-Effekts und seine Begrifflichkeit geht auf den Journal-Artikel „Toward a Positive Theory of Consumer Choice" zurück (vgl. Thaler 1980). Seither ist der Endowment-Effekt ein häufiger Forschungsgegenstand in der Verhaltensökonomie und wurde experimentell vielfach nachgewiesen. Zudem setzen sich Wissenschaftler nun mit verschiedenen

Abwandlungen des Endowment-Effekts wie dem IKEA-Effekt (vgl. Norton et al. 2012) oder dem Quasi-Endowment-Effekt (vgl. Carmon/Ariely 2004) auseinander.

2.2 Einflüsse auf die Entstehung des Endowment-Effekts

Da die Diskrepanz zwischen der WTA und der WTP zu einer sinkenden Anzahl beidseitig akzeptierter Warentauschtransaktionen führt, ist das Entdecken möglicher Ursachen und Einflüsse auf die Entstehung des Endowment-Effekts im großen Forschungsinteresse. Der vertrauteste Erklärungsansatz für die Entstehung des Effekts ist das psychologische Prinzip der Verlustaversion, das eine Asymmetrie in der Wertschätzung eines Objekts beschreibt. Die Nachteiligkeit ein Objekt zu verlieren bewerten wir höher als die Vorteiligkeit, die wir bei Erlangen desselben Objekts erfahren (vgl. Kahneman/Tversky 1984; Kahneman et al. 1991). Wir reagieren stärker auf Verluste als auf Gewinne und neigen deshalb zur Risikovermeidung in Transaktionsprozessen, sodass die hoch geschätzten Verkaufspreise der Dinge, die in unserem Besitz sind, entstehen.

Die Verlustaversion ist eine Kernthese der bekannten Prospect-Theorie nach Tversky/Kahneman (1981), dessen Erkenntnisse auch als Erklärung für die Entstehung des Endowment-Effekts dienen können. Relevant im Hinblick auf den Endowment-Effekt ist, dass im Gegensatz zur klassischen Nutzentheorie die Prospect-Theorie davon ausgeht, dass der Nutzen einer Handlungsalternative nicht an einem absoluten Vermögenszustand gemessen wird, sondern an Veränderungen relativ zu einem Referenzzustand. Die Ergebnisse von Handlungsalternativen werden dementsprechend als Gewinne oder Verluste gegenüber dem Referenzpunkt bewertet.

Eine weitere nachgewiesene Verhaltensanomalie, die unter anderem aus der Verlustaversion resultiert, ist die Status-Quo-Verzerrung (vgl. Kahneman et al. 1991). Sie ist ein systematischer kognitiver Fehler, durch den Individuen es in jedem Fall präferieren den aktuellen Zustand beizubehalten, da sie Veränderungen des Zustands als negativ bewerten. Zuletzt lässt sich der Endowment-Effekt möglicherweise mit dem wachsenden Gefühl der Verbundenheit des Besitzers zum Objekt begründen.

Dies fasst Dan Ariely in seinem Buch „Predictably Irrational" gut zusammen: Wir verlieben uns in das, was wir bereits besitzen. Und wir fixieren uns auf das, was wir verlieren statt auf das, was wir gewinnen können. (vgl. Ariely 2008, S. 133f).

3. Der hohe Preis des Besitzes: The High Price of Ownership

Eine Koryphäe auf dem Gebiet der Verhaltensökonomie ist Dan Ariely, ein Professor für Psychologie an der Duke University. Seine Publikationen und Experimente umfassen diverse kognitive Verzerrungen und Anomalien wie den Ankereffekt oder den Placeboeffekt. Im achten Kapitel seines Buches erörtert Ariely die Eigentümlichkeiten des Besitztums und veranschaulicht damit die Mechanismen des Endowment-Effekts. So können sich Besitzergefühle entwickeln, bevor jemand die Sache überhaupt sein Eigen nennen kann. Dies kann zu der typischen Aufwärtsspirale bei (Online-) Auktionen führen, welche im zweiten Unterkapitel näher beschrieben wird.

Eine weitere These Arielys ist, dass das Gefühl eine Sache zu besitzen umso mehr wächst, je mehr Mühe man hineinsteckt (Ariely 2008, S 135). Ariely und sein Kollege Norton, Professor an der Harvard Business School, benennen dies auch den „IKEA-Effekt". Jeder Kunde hat die Möglichkeit Möbel des schwedischen Einrichtungskonzerns nach seinen individuellen Wünschen anzupassen, sodass aus einem überaus oft verkauftem PAX Kleiderschrank ein einzigartiges/einmaliges Einzelstück entsteht, und baut diese im eigenen Heim anschließend selbstständig zusammen. Ihre Forschungsergebnisse bestätigen, dass durch den Anpassungs- und Aufbauprozess – also die Arbeit, die in das Möbelstück gesteckt wurde – das Gefühl des Besitzes sowie die Wertschätzung dafür stärker wurden (vgl. Norton et al. 2012).

Im Folgenden geben die Unterkapitel einen zusammenfassenden Überblick der Ergebnisse zweier Forschungsarbeiten von Ariely und seinen Kollegen zur Thematik des Endowment-Effekts.

3.1 Focusing on the Forgone: How Value Can Appear So Different to Buyers and Sellers

Der Artikel beleuchtet die irrationalen Differenzen in der Wahrnehmung und Wertschätzung ein und desselben Guts. Die vier Experimente der Studie, durchgeführt an der Duke University und University of North California, untersuchen die Bewertung der Kauf- und Verkaufspreise von Tickets der sehr beliebten NCAA Basketballspiele. Folgende Resultate unterstützen konsistent die Hypothesen der Forscher (vgl. Carmon/Ariely 2000). Studenten, die bereits ein Ticket besaßen, nannten den Preis, für den sie bereit waren ihr Ticket zu verkaufen (WTA). Studenten ohne ein Ticket wurden nach ihrem höchstmöglichen Kaufpreis (WTP) befragt. Der durchschnittliche Verkaufspreis mit 2.411 US-Dollar überstieg dabei den durchschnittlichen Kaufpreis (166 US-Dollar) um das 14-fache.

Der Fokus bestimmt den bemessenen Wert eines Produkts. Gemäß Carmon/Ariely (2000) fokussiert sich ein Käufer bei der Bewertung meist auf den Aufwand und die alternativen Verwendungszwecke (expenditure), d.h. im Falle der Experimente: auf das, was sich der Käufer mit dem Geld für das Ticket stattdessen leisten könnte und worauf er beim Kauf für das Ticket verzichten müsste. Die Verkäuferseite hingegen fokussiert sich auf den Nutzen und die Vorteile, das Produkt zu besitzen, wie z.B. die wichtige Bedeutung des Ereignisses.

Überdies haben auf den Kaufpreis eines Guts andere Faktoren einen Einfluss als auf den Verkaufspreis. Während Veränderungen von finanziellen Faktoren wie Veränderungen auf den Referenzpreis, Rabatte oder wie im Experiment den Listenpreis des Tickets den Kaufpreis stärker beeinflussen, haben diese auf den Verkaufspreis keinen erheblichen Einfluss. Faktoren, die sich allerdings auf das Erlebnis im Speziellen beziehen – z.B. die Spielbedeutsamkeit oder welches Wetter man zum Spieltag erwartet – haben einen signifikanten Einfluss auf den Verkaufspreis.

Um die genannten Unterschiede zwischen Käufer- und Verkäuferseite auszugleichen, erweisen sich die Erkenntnisse des vierten Experiments als hilfreich und können als Anwendungsempfehlung in Situationen der Preisbestimmung dienen. Denn ein Perspektivwechsel, welcher vor der Preisschätzung eingelenkt wird, kann die Bewertung des

Preises beeinflussen und somit das große Preisgefälle verringern. So sollte man die Aufmerksamkeit eines potentiellen Käufers besonders auf die Vorteile des Guts richten. Dazu zählen der Nutzen und die Erfahrungen, den dieser durch den Besitz dieses Guts erlangt. Auf der anderen Seite sollte man die Perspektive des Verkäufers ändern und ihm anstelle dessen verdeutlichen, welche alternativen Möglichkeiten er mit dem Geld des Verkaufspreises hat und auf welche er ansonsten verzichte.

3.2 Auction Fever: The Effect of Opponents and Quasi-Endowment on Product Valuations

Die Erkenntnisse dieser Studie bieten relevante Implikationen insbesondere für Anbieter und UI-Designer von Online-Auktionsseiten sowie seinen Besuchern. Die Forscher präsentieren zwei Mechanismen, die einen dynamischen Einfluss auf die Bewertung von Produkten und die steigende Häufigkeit der Gebote, sobald sich eine Auktion entfaltet: den Quasi-Endowment und den Opponent-Effekt (vgl. Heyman et al., 2004). Während einer Auktion besteht die Möglichkeit einer „virtuellen Besitzerschaft". Entscheidend für die Ausprägung des Quasi-Endowments ist die Dauer, in der ein Teilnehmer der Höchstbietende ist. In dieser Zeit stellt sich der Nutzer meist schon auf den zukünftigen Besitz des Guts ein. Der Endowment-Effekt entsteht und sobald er von einer anderen Person überboten wird, verspürt er die Verlustaversion. Ein Erklärungsansatz für eine hohe Teilnehmerschaft und die häufig entstehende Aufwärtsspirale während einer Auktion ist der Opponent-Effekt. Wenn die Anzahl der Mitbietenden und folglich die Konkurrenz während des Auktionsprozesses steigt, erhöht bei den Teilnehmern auch das Interesse, die Auktion zu gewinnen. Sowohl der Quasi-Endowment als auch der Opponent-Effekt wurden in der Studie als Ursachen für das typische „over-bidding" zum Ende der Auktionen hin nachgewiesen. Daraus resultiert für die Anbieterseite die Auktion möglichst lange stattfinden zu lassen. Zudem sollte die Auktion möglichst viele Teilnehmer erreichen, um für einen hohen Wettbewerb zu sorgen. Damit Nutzer einer Auktion sich selbst davor bewahren einen zu hohen Preis zu bezahlen, sollten sie folgende Handlungsmaxime beherzigen: Nutzer sollten sich auf einen maximal auszugebenen Betrag festsetzen und diesen als Gebot abgeben. Zudem sollte der Nutzer die Auktionsseite erst wieder nach Ablauf der Auktion aufrufen.

4. Implikationen für die IS-Praxis

4.1 Smart Grid und Smart Meter: Neue Technologien zur Überwachung des Stromsverbrauchs

Gemäß der Bundesnetzagentur (2011) sind Smart-Grids intelligente Stromnetze die im Vergleich zu einem konventionellen Elektrizitätsnetz durch informations- und regeltechnische Komponenten erweitert werden. „Smart" bedeutet hier, dass Möglichkeiten zur Steuerung der Netze bestehen und Informationen zu den Netzzuständen in kurzen Abständen erfasst werden können, da in einem Smart-Grid nicht nur Energie, sondern auch Daten transportiert werden. Leistungsschwankungen, insbesondere durch fluktuierende erneuerbare Energien, können mithilfe einer zentralen Steuerung ausgeglichen werden. Die Vernetzung erfolgt durch den Einsatz von IKT und dezentral organisierten Energiemanagementsystemen. Dies führt idealerweise zu einer Optimierung der Netzauslastung und einer steigenden Kosten- und

Energieeffizienz (vgl. Wunderlich et al. 2012). Als Schnittstelle zwischen Netzteilnehmer und Smart Grid dient der Smart Meter, welcher eine Verbindung zum Energienetz sowie zum Datennetz besitzt. Sie erfassen und überwachen den Energieverbrauch des Kunden und können die Energiepreise zeitabhängig berechnen. Eine Grundidee dieser intelligenten Energiezähler ist: durch zeitliche Verlagerung wird dem Stromkunden ermöglicht Geld zu sparen. So werden beispielsweise Verbrauchergeräte mit hohem Leistungsverbrauch nur bei günstigen Energiepreisen eingeschaltet. Auf eine tiefere Beschreibung der technischen Funktionsweise von Smart-Grids und Smart Meter wird aufgrund fehlender Notwendigkeit für die Thematik in dieser Seminararbeit bewusst nicht weiter eingegangen.

4.2 Einsatz der Verlustaversion zur Steigerung der Energieeffizienz

Die Forschungsarbeit von Bager/Mundaca (2017), welches die Beziehung zwischen der Verlustaversion und dem Kundenverhalten anhand der Einführung von Smart Meter untersucht, verknüpft verhaltensökonomische Theorien mit der Energieinformatik. In der Energiebranche überwiegen aus Sicht der Verbraucher meist die potentiellen Verluste oder Risiken, die mit einer Veränderung verbunden sind wie z.B. das Ersetzen eines klassischen Stromzählers durch einen Smart Meter, die finanziellen Vorteile durch Energieeinsparungen. Auch in diesem Bereich kommt es zu einer Status-Quo-Verzerrung und Nutzer ziehen es vor ihren aktuellen Stromzähler zu behalten.

In der Studie wird die Korrelation zwischen SM Systemen mit zusätzlicher „loss-framed" Informationen und mögliche Einsparungen des Stromverbrauchs untersucht. Probanden wurden in einem Feldexperiment in zwei Gruppen unterteilt. In jedem Haushalt der Probanden installierte man einen SM, dessen Informationen sich Nutzer auf dem Smartphone, Tablet oder Computer anzeigen lassen konnten. Der „Standard SM", welchen die Kontrollgruppe erhielt, zeigt auf stündlicher, täglicher, wöchentlicher, monatlicher oder jährlicher Basis Verbrauchsinformationen in kWh und DKK an. Die Kontrollgruppe konnte ihren derzeitigen Verbrauch unter dem Aspekt eines vorgegebenen jährlichen Budget in DKK evaluieren. Die Informationen, die sie vom SM erhielt, war gänzlich „ungerahmt". Die Interventionsgruppe hingegen erhielt neben denselben Daten noch zusätzlich relevante „loss-framed" Informationen in Form von geschätzten Kosten eines täglichen durchschnittlichen Verbrauchs sowie den täglichen und jährlichen Verbrauchskosten im Standby-Betrieb. Man präsentierte die Information in der App mit den Worten „Money lost from electricity consumption" gefolgt von dem genauen monetären Wert, wodurch diese somit als ein relevanter Verlust gerahmt. Den Ergebnissen der Studie nach werden Entscheidungen bezüglich des Stromverbrauchs beeinflusst von der Art und Weise wie Informationen ausgearbeitet, gerahmt und präsentiert werden. Die Energieeinsparungen der Interventionsgruppe überstiegen die der Kontrollgruppe und der tägliche Verbrauch wurde um 7-11% im Vergleich zur Kontrollgruppe mehr reduziert. Die Differenz zwischen den beiden Gruppen war mit 16-25% noch größer, als die Einsparungen des Stromverbrauchs im Standby-Betrieb geprüft wurden.

4.3 Weitere Anwendungsansätze des Endowment-Effekts im IS-Design

Häufig ohne große Überlegungen schließen Kunden Testangebote und Test-Abonnements von Apps ab. Zudem entscheiden sie sich für IT-Dienstleistungen und Verträge, die eine „30-Tage-Rückgabegarantie" beinhalten, und präferieren sie gegenüber objektiv gleichwertigen IT-Dienstleistungen, die diese Garantie nicht anbieten. IS-Gestalter können dies zu ihrem Gunsten nutzen. Denn selbst durch eine kurze Anwendung des Testangebots kann bereits ein Endowment-Effekt entstehen. Damit dies bestmöglich gelingt, sollte neben der Gestaltung eines ansprechenden und handlichen UI-Design aus verhaltensökonomischer Sicht besonders darauf geachtet werden, dass ein 7-Tage-Testangebot z.B. einer Fitness-App dem Nutzer nicht nur ausschließlich seine Funktionen „im Testdurchlauf" näherbringt. Von hoher Relevanz im Falle der Fitness-App ist hierbei die Möglichkeit der Speicherung der Daten wie z.B. der bereits absolvierten Trainingseinheiten oder die Anzahl der erreichten Schritte. Der Nutzer entwickelt folglich nicht nur für die Funktionen der App sondern auch für die in der App abgespeicherten Daten ein Besitzergefühl. Um eine starke negative Reaktion aufgrund des Verlustes zu vermeiden und aufgrund der Status-Quo-Verzerrung steigt die Wahrscheinlichkeit, dass Nutzer von einem Testangebot zur Vollversion einsteigen, auch wenn sie dies zu Anfang nicht vorsahen.

Für den Aufbau virtueller Besitzschaft und den Quasi-Endowment ist eine Implikation insbesondere für E-Commerce-Händler Worte wie „Dein" oder „Mein" in ihren Texten zu wählen, damit sich potentielle Kunden angesprochen fühlen und sich den Besitz mental bestmöglich vorstellen können. Dies wird auch durch (Point-of-View-) Videos des Produkts oder die virtuelle Anprobe von Kleidungsstücken und ähnliches unterstützt. Der Kaufprozess beim Unternehmen Mister Spex z.B. stützt sich auf die virtuelle Anprobe von verschiedenen Brillenmodellen via Webcam.

5. Zusammenfassung

5.1 Diskussion, Fazit und Ausblick

Die verwendete Literatur ermöglicht eine aktuelle Einsicht in die Mechanismen des Endowment-Effekts. Dieser Effekt und die Verlustaversion sowie die Verhaltensökonomie im Allgemeinen bieten relevante Erkenntnisse und können meist als Ansätze für Vorhersagen des Verbraucherverhaltens dienen. Wie in jedem Bereich existiert auch im Bereich der Verhaltensökonomie keine universelle Gültigkeit, allerdings ist grundsätzlich festzustellen, dass sich kein Individuum in jeder Situation rational verhält. Z.B. kann eine Person die zwar „immun" gegen den Endowment-Effekt ist, dennoch in vielen Fällen die Verfügbarkeitsheuristik einsetzen. Diese Tatsache wird durch Studien bestärkt, die belegen, dass sogar Menschen, denen die Mechanismen der kognitiven Verzerrungen bekannt sind, sich weiterhin irrational verhalten. So ist zu heutiger Zeit umso wichtiger Möglichkeiten zur Eliminierung dieser Verhaltensanomalien zu finden oder diese für sich zu nutzen. Im großen Forschungsinteresse ist es die Erkenntnisse der Verhaltensökonomie auf diverse Bereiche wie z.B. der Medizin oder in der Wirtschaftsinformatik zu übertragen und Implikationen zu Gunsten der Verbraucher zu gewinnen.

Die Anwendung des Endowment-Effekts in Verbindung mit Informationssystemen ist ein neues Themengebiet, welches zunehmend in den Mittelpunkt der Forschung rückt. Eine Einsatzmöglichkeit im IS-Kontext ist die Verlustversion im Bereich von Smart Meter zur Überwachung und Effizienzsteigerung des Stromverbrauchs, welche als Anwendungsbeispiel in der Seminararbeit durchleuchtet wurde. Neben Bager/Mundaca (2017) haben auch Ariely und seine Kollegen mit ihren Studien Pionierarbeit für den Tiefgang der Forschung zum Endowment-Effekt geleistet. Insbesondere den Ansatz, dies zur Effizienzsteigerung im Stromverbrauch zu nutzen sollte weiterhin verfolgt werden. Diese Arbeit dient als Anstoß für weitere Forschungen im Bereich der Energieinformatik und anderen Bereichen, in der Informationssysteme eine Rolle spielen.

5.2 Restriktion der Seminararbeit

Zu berücksichtigen ist die Restriktion der vorliegenden Seminararbeit, da die Erkenntnisse aufgrund der Forschungsmethode auf die zitierten Literaturquellen limitiert sind. An den erläuterten Studien könnte man die Validität und Reliabilität, beispielsweise aufgrund niedriger Probandenzahl (vgl. Bager/Mundaca (2017) oder der Tatsache, dass einer der Erkenntnisse von Heyman et al. (2004) nur auf ein Laborexperiment beruht.

Literaturverzeichnis

Ariely D. (2008): "Predictable irrational: The hidden forces that shape our decisions", 1st edition, Harper Perennial, New York

Bager A. & Mundaca L. (2017): "Making Smart Meters smarter? Insights from a behavioural economics pilot field experiment in Copenhagen, Denmark", Energy Research & Social Science (33:28), S. 68-76

Bundesnetzagentur (2011): „Smart Grid und Smart Market: Eckpunktepapier der Bundesnetzagentur zu den Aspekten des sich verändernden Energieversorgungssystems", Bundesnetzagentur, Berlin, https://www.bundesnetzagentur.de/SharedDocs/Downloads/DE/Sachgebiete/Energie/Unternehmen_Institutionen/NetzzugangUndMesswesen/SmartGridEckpunktepapier/SmartGridPapierpdf.pdf?__blob=publicationFile (Abrufdatum: 27.02.2018)

Carmon Z., Ariely D. (2000): "Focusing on the forgone: How value can appear so different to buyers and sellers", Journal of Consumer Research (27:3), S. 360-370

Gillenkirch R. (2018): "Stichwort: Besitzumseffekt", Gabler Wirtschaftslexikon, Springer Gabler Verlag (Herausgeber), http://wirtschaftslexikon.gabler.de/Archiv/830359684/besitztumseffekt-v2.html, (Abrufdatum: 27.02.2018)

Heyman J., Orhun Y., Ariely D. (2004): "Auction fever: The effect of opponents and quasi-endowment on product valuations", Journal of Interactive Marketing (18:4), S. 7-21

Kahneman D., Knetsch J., Thaler R. (1990): "Experimental tests of the endowment effect and the coase theorem", Journal of Political Economy (98:6), S. 1325-1348

Kahneman D., Knetsch J., Thaler R. (1991): "Anomalies: The endowment effect, loss aversion, and status quo bias", Journal of Economic Perspectives (5:1), S. 193-206

Kahneman D., Tversky A. (1984): "Choices, values and frames", American Psychologist (39:4), S. 341-350

Nicolson M., Huebner G., Shipworth D. (2017): "Are consumers willing to switch to smart time of use electricity tariffs? The importance of loss-aversion and electric vehicle ownership", Energy Research & Social Science (33:23), S. 82-96

Norton M., Mochon D., Ariely D. (2012): "The IKEA effect: When labor leads to love", Journal of Consumer Psychology (22:3), S. 453-460

Thaler R. (1980): "Toward a positive theory of consumer choice", Journal of Economic Behavior and Organization 1 (1:1), S. 39-60

Tversky A., Kahneman D. (1981): "The framing of decisions and the psychology of choice", Science (211:4481), S. 453-458

Wunderlich P., Veit D., Sarker S. (2012): "Adoption of information systems in the electricity sector: The issue of smart metering", AMCIS 2012 Proceedings, Seattle

BEI GRIN MACHT SICH IHR WISSEN BEZAHLT

- Wir veröffentlichen Ihre Hausarbeit, Bachelor- und Masterarbeit

- Ihr eigenes eBook und Buch - weltweit in allen wichtigen Shops

- Verdienen Sie an jedem Verkauf

Jetzt bei www.GRIN.com hochladen und kostenlos publizieren